MARKETING DE ATRACCIÓN (¿QUÉ ES?)

y que te ofrece?

Por ALEX ANDRÉ

CONTENTS

RENUNCIA

Copyright 2019
Por ALEX ANDRÉ

¿QUÉ ES EL MARKETING DE ATRACCIÓN?

Como primera definición, el marketing de atracción es el proceso de atraer interés a una empresa, producto o servicio utilizando técnicas cuidadosamente diseñadas. El objetivo es atraer clientes potenciales.

En otras palabras, el marketing de atracción puede ser la palabra de moda que se escucha comúnmente en la mayoría de los vendedores de Internet. Sin embargo, ¿qué significa esto? Como comercializador de Internet, necesita saber qué es este tipo de marketing, ya que probablemente será una de las herramientas más importantes y rentables que se tiene en el marketing en línea de bajo costo, y que a su vez, es altamente eficaz.

Primero, comprenda qué es y luego aprenda cómo implementarlo dentro de su propio negocio. La mayoría de los dueños de negocios pueden encontrar el éxito usando este método para ayudarlos a desarrollar su negocio en línea. Funciona en cualquier sector, industria o nicho. Cuando se aplica de manera efectiva, es una herramienta de bajo costo y éxito a largo plazo, la cual, los especialistas en marketing, no deberían prescindir.

¿Qué es?

La breve definición de qué es el marketing de atracción, puede parecer demasiado simple. Es simplemente un término que significa que el comercializador de Internet usa este recurso digital para ayudar a atraer a las personas al negocio en el que se encuentran.

Para llevar esto a otro nivel, el marketing de atracción se puede definir como atraer a las personas en lugar de ir tras ellas. La mejor manera de ver esto es echar un vistazo al método opuesto, la forma en que se realiza la mayoría de la publicidad impresa o "no en línea".

En publicidad tradicional, se gastan innumerables dólares para encontrar al consumidor con mayor probabilidad de invertir en el producto o servicio. Las vallas publicitarias se colocan a lo largo de autopistas para estaciones de radio, por ejemplo, ya que las personas escuchan la radio con mayor frecuencia en el automóvil. Los anuncios se dirigen al consumidor más probable en lugar de que el consumidor acuda directamente al producto por una necesidad.

En el marketing de atracción, el consumidor acude a usted y a su producto o servicio, porque han escuchado que es algo que puede beneficiarlos de alguna manera. En última instancia, esto permite que el negocio funcione bien, ya que los anuncios se presentan de manera agradable. El marketing en Internet no se trata a menudo de eslóganes pegadizos y anuncios llamativos. Más bien, es un método para atraer a las personas a información, productos y servicios porque ya están interesados. Dominar esto puede ayudar a un negocio a crecer rápidamente.

La pregunta es: ¿funciona?

¿Funciona el marketing de atracción? La respuesta corta a esta pregunta es sí, pero hay muchos ejemplos fantásticos de cómo funciona. Una buena es considerar la elección del Sr. Obama. Independientemente de si usted es de los EE. UU. o no, y no importa de qué lado del boleto se enruta, hay que decir algo. La capacidad del Sr. Obama de utilizar el marketing en Internet, incluidos los métodos de marketing de atracción, lo ayudó a ganar estas elecciones, según muchos profesionales.

Obama usó las diversas herramientas de marketing en Internet para ayudarlo a ganar sus elecciones porque él y su gente de campaña, sabían la importancia y el éxito que podría traer. El mundo va a la web para aprender lo que necesita, en la cultura actual. Más aún, Internet ofrece una manera fácil y asequible de llegar a millones de personas todos los días. Ningún otro medio ofrece esto.

La pregunta es, ¿cómo utilizó Obama el marketing de atracción para ganar las elecciones presidenciales de los Estados Unidos? El uso de herramientas de marketing de atracción, sitios web e incluso cosas como GoogleAds lo ayudó a lograrlo.

De hecho, Twitter.com fue utilizado por Obama como uno de los muchos métodos de marketing de atracción que utilizó. Al ganar un gran número de seguidores y comunicarse a través de ellos en cortos clips, podía conversar con la gente común, difundir su mensaje y hacerlo todo sin gastar un centavo.

El concepto de marketing de atracción es muy simple. Ponga la relación primero. Proporcione algo de valor. Desarrolle confianza, cree una buena relación antes de intentar venderle algo a alguien. El mercadeo en red es un negocio basado en relaciones. Por lo tanto, su prioridad, al hacer nuevos contactos, es centrarse en desarrollar relaciones.

Creemos que lo último que desea hacer es presentarles su oportunidad antes de que siquiera lo conozcan. Una de las formas más rápidas y fáciles de construir una buena relación y hacer que la gente te quiera es darle a la gente algo de valor. Esto puede ser una referencia, contacto o beneficio que los ayudará.

Entonces, ¿a quién quieres atraer? ¿Quién es tu mercado objetivo? Nuestro mercado objetivo es el grupo de personas que queremos atraer a nuestro negocio.

Pregúntese, ¿quién es su cliente ideal? ¿Quién sería el más adecuado para unirse a su negocio? O mejor aún, ¿quién sería el más adecuado para tener éxito en su negocio? Una vez que haya resuelto su mercado objetivo, necesita encontrar una manera de atraerlos hacia usted. **Hacemos eso agregando valor a sus vidas.**

Averigua cuáles son sus problemas escuchándolos primero. Su mercado objetivo le dirá qué les está molestando, si escucha sus conversaciones. Averigüe dónde se reúnen (en persona o en línea) y únase a la conversación. Una vez que haya descubierto cuáles son los diversos problemas, elija uno que le apasione e investigue para encontrar la respuesta.

Intente agregar valor a sus vidas resolviendo sus problemas. Deles las respuestas a los problemas que los están molestando. Una vez que tenga la mejor respuesta a ese problema, ofrezca la solución a su mercado objetivo. Su solución tiene valor para sus clientes potenciales. Brindar valor lo hace destacar y lo posiciona como líder.

Asimile y repita los pasos anteriores. Continúe creando valor proporcionando soluciones a sus problemas. Con el tiempo, esto creará una relación con sus clientes potenciales y, eventualmente, estará en condiciones de ofrecerles un producto o servicio que puedan comprarle, o tal vez incluso unirse a usted y a su oportunidad de negocio.

Otro ejemplo de esto es Facebook. Todos en la web saben que Facebook.com es un paraíso para las personas de generaciones más jóvenes a las que les gusta encontrarse y chatear. La tendencia ha crecido. De hecho, las empresas, los políticos e incluso los empleadores lo están utilizando como herramienta para conectarse con otros. La página de Facebook del Sr. Obama fue otra forma de marketing de atracción que lo ayudó a difundir su mensaje.

Como puede ver, hay excelentes formas en que funciona el marketing de atracción. Para la mayoría del público en general, no está tratando de ganar las elecciones presidenciales. Sin embargo, esta herramienta todavía se puede usar para ayudar a prácticamente cualquier persona a tener éxito en obtener tráfico a su sitio web.

APLICANDO MÉTODOS DE MARKETING DE ATRACCIÓN A SU NEGOCIO

Cualquier comercializador de Internet puede aplicar las lecciones aprendidas a su propio negocio de Internet. Hay tres partes principales para desarrollar una exitosa campaña de marketing de atracción, pero la buena noticia es que ninguna de ellas es difícil, costosa o lleva mucho tiempo.

Aquí, exploraremos estas tres partes y descubriremos cómo

puede usarlas sin importar qué tipo de negocio de marketing en Internet tenga.

En resumen, son las siguientes:

- Los consumidores lo encuentran en la WEB, a usted y a sus productos o servicios.
- Los consumidores le permiten contactarlos.
- Usted proporciona a los consumidores información que pueden usar y beneficiarse, a través del correo electrónico, y mantiene su negocio frente a ellos todo el tiempo.

Para entender mejor cómo hacer esto, sigue leyendo.

PARTE 1: LOS CONSUMIDORES TE ENCUENTRAN

El primer paso en el proceso, es lograr que las personas lo encuentren en línea. Recuerde, con el marketing de atracción, están llegando a usted. No saldrá a buscarlos y usted publicitará directamente. Entonces, ¿cómo logra que más personas lo encuentren en línea?

Diseñe primero su sitio web

Hay varias maneras de lograr esto. El primer paso es tener un sitio web y / o blog útil donde pueda hablar, trabajar e interactuar con sus visitantes. Deberá asegurarse de que este portal WEB se base en información acerca de usted y sus productos y servicios, en lugar de ser un burdo truco de ventas. En línea, trucos de ventas, las cartas de ventas de gran tamaño tienen menos probabilidades de funcionar que otros métodos de marketing, especialmente en marketing de atracción. Asegúrese de que su sitio web les dice a los visitantes que les está proporcionando un servicio, información y no un anuncio de ventas para convencerlos de que compren.

Directorios de artículos

A continuación, deberá obtener y preparar su información, la que será entregada a sus visitantes. Por ejemplo, desarrolle excelentes artículos y esquemas detallados relacionados con su negocio o producto y luego póngalo en la corriente principal. Puede publicarlos en varios directorios de artículos.

El beneficio de hacer esto es doble. Debido a la extrema popularidad de muchos de estos sitios web, Google clasifica rápidamente los artículos allí y muchos obtienen los resultados de la primera página de Google si están optimizados correctamente. Esto significa que cuando alguien que busca información sobre un producto o servicio que alguien está ofreciendo, al buscarlo en Google, es muy probable que su artículo aparezca dentro de los primeros resultados.

Otro beneficio, es que los directorios de artículos de calidad funcionan ajustados al propósito por el cual fueron diseñados. Ese propósito es permitir a los webmasters recoger estos artículos (con su cuadro de recursos en ellos) y usarlos en sus sitios web o en sus blogs. Sus lectores pueden leer instantáneamente lo que está hablando y pueden hacer clic en el enlace y volver a su sitio web donde pueden comprar lo que está ofreciendo.

Otra extensión de esto es la capacidad de obtener ese enlace dorado de regreso a su sitio web. Esto solo ayuda a mejorar el ranking de su sitio web en los motores de búsqueda de Google y en otros motores de búsqueda. Cuantos más enlaces de retorno (back links) apunten a su sitio web, más personas lo encontrarán y mejor clasificará GOOGLE a su sitio web. Y, todo lo que has hecho, es escribir un artículo.

Sitios de redes sociales

A partir de este punto, hay muchas otras formas de construir ese marketing de atracción exitoso. De hecho, una de las formas más atractivas y divertidas de llevar su negocio, es hablar de ello. Las redes sociales son lo que parece. Es un método de comunicarse con los demás sobre cualquier cosa que realmente quiera, desde un comentario vacio y sin sentido, hasta un dato o información relevante en algunos temas.

La mayoría de los sitios web de redes sociales no comenzaron o se diseñaron para ayudar a las empresas a crecer, pero la mayoría de ellos se pueden usar de esta manera. Volviendo a nuestro ejemplo, el Sr. Obama usó muchos de ellos para llegar a su pueblo.

Definitivamente, esto es lo que usted está buscando también. Está buscando una manera de dar información a las personas. Una vez que tienen esa información, pueden acudir a usted para obtener lo que necesitan. Esto también funciona en cualquier tipo de nicho de Internet.

La naturaleza humana por defecto ha sido programada para ser socialmente activa hasta cierto punto. ¡Algunas personas son más activas, mientras que otras lo son menos!

Sin embargo, las personas siempre han estado buscando formas de conectarse y conectarse entre sí. Y, en esta era de digitalización, las personas han encontrado formas de ser socialmente activas en Internet, lo cual es posible con el advenimiento de las numerosas plataformas y aplicaciones de redes sociales.

Ahora, incluso las relaciones comienzan, crecen y terminan en las redes sociales. Las personas ya no necesitan un apretón de manos personal o una reunión cara a cara.

Los sitios de redes sociales también han crecido en número a pasos agigantados. Según las estadísticas reveladas en Statista, aproximadamente 2 mil millones de usuarios navegaron en sitios y aplicaciones de redes sociales en 2015. Y, con el mayor uso de dispositivos móviles, es probable que este número cruce la marca de 2.9 mil millones para 2019.

Los sitios de redes sociales incluyen cualquiera de los siguientes:

- **_Digg.com_**
- Encuentra artículos útiles y publicaciones en blogs y Digg ellos. Cuantos más Digg reciban, más personas leerán el artículo y, por lo tanto, visitarán el sitio web.

- **_Whatsapp_**
- Conéctese con otras personas y al mismo tiempo obtenga más tráfico hacia su sitio web a medida que las personas "tropiecen con él" a través de las herramientas de la compañía.

- **_Facebook.com_**
- Excelente para reunirse, socializar y hablar sobre usted, su negocio o cualquier otra cosa. Conéctate con miles de personas aquí.

- **_MySpace.com_**
- Comparta todo tipo de información, conéctese con otros, establezca contactos con otros con negocios comparativos y, por todos los medios, enlace sutilmente a su sitio web.

- **_YouTube.com_**

· Excelente para videos informativos y para socializar. ¿Quién no quiere ver algunos videos de YouTube de vez en cuando? Úselos para ayudar a comercializar su negocio indirectamente.

· **_Twitter.com_**

· Escriba mensajes cortos (solo a veces contienen un enlace) para que otros sepan lo que está haciendo durante el día. Establezca redes y aumente la cantidad de Tweets que está siguiendo. Adictivo, pero altamente beneficioso una vez que ha creado un seguimiento exitoso en Twitter.

· **_Skype_**

Skype, propiedad de Microsoft, es una de las plataformas de redes sociales basadas en comunicación más populares. Le permite conectarse con personas a través de llamadas de voz, videollamadas (usando una cámara web) y mensajes de texto. Incluso puede realizar llamadas de conferencia grupales. Y, la mejor parte es que las llamadas de Skype a Skype son gratuitas y se pueden utilizar para comunicarse con cualquier persona, ubicada en cualquier parte del mundo, a través de Internet .

· **_Viber_**

Esta plataforma social multilingüe, que está disponible en más de 30 idiomas, es conocida por sus capacidades de mensajería de texto instantánea y mensajería de voz. También puede compartir fotos y videos y mensajes de audio, usando Viber. Le ofrece la posibilidad de llamar a usuarios que no son de Viber a través de una función llamada Viber Out.

· *Pinterest*

Este es un sitio o aplicación de redes sociales para compartir fotos y marcadores visuales que le permite encontrar nuevas ideas para sus proyectos y guardarlas. Por lo tanto, puede hacer tareas de bricolaje o proyectos de mejoras para el hogar, planificar su agenda de viajes, etc., utilizando Pinterest.

· *LinkedIn*

LinkedIn es fácilmente uno de los sitios o aplicaciones de redes sociales profesionales más populares y está disponible en más de 20 idiomas. Es utilizado en todo el mundo por todo tipo de profesionales y sirve como una plataforma ideal para conectarse con diferentes empresas, localizar y contratar candidatos ideales, y más. Cuenta con más de 400 millones de miembros.

· *Instagram*

Instagram se lanzó como una plataforma

única de redes sociales que se basaba completamente en compartir fotos y videos. Esta aplicación de red social para compartir fotos le permite capturar los mejores momentos de su vida, con la cámara de su teléfono o cualquier otra cámara, y convertirlos en obras de arte.

Esto es posible porque Instagram le permite aplicar múltiples filtros a sus fotos y puede publicarlas fácilmente en otros sitios de redes sociales populares, como Facebook y Twitter. Ahora es parte del imperio de Facebook

Hay muchos, muchos más sitios web que se pueden usar de esta manera. La clave es usar realmente aquellos en los que crees que se pueden encontrar los mejores resultados, pero también donde te encuentras disfrutando de ellos.

Para encontrar más de estos sitios web de redes sociales, visite estas páginas de Wikipedia: http://en.wikipedia.org/wiki/List_of_social_networking_websites o https://makeawebsitehub.com/social-media-sites/

No hay forma de que pueda visitar todos estos sitios web, pero la clave tampoco es invertir todo su tiempo en ellos. Debes encontrar uno, dos o tres para realmente sumergirte y trabajar con ellos.

La necesidad de construir una red

Le permite ayudar a otros. Uno de los beneficios más importantes de las redes que las personas tienden a pasar por alto es que le permite ayudar a otras personas. Por supuesto, nuestros motivos en el mundo profesional rara vez son altruistas, pero ayudar a otra persona con sus objetivos profesionales puede ser realmente gratificante.

Si bien es esencial que las personas creen una red para atraer tráfico a su sitio web, a menudo es algo que falla. Por ejemplo, supongamos que se une a Facebook.com, coloca algunas fotos, encuentra sus contactos de correo electrónico y luego no hace mucho más. Nadie lo encontrará que pueda ayudarlo a construir su negocio.

Debe establecer una red y crear un seguimiento considerable o permitir que otros lo encuentren en cualquiera de estos sitios web, proporcionando información concisa pero útil. Por ejemplo, cree un inicio de sesión en Digg.com, un sitio web de redes sociales que funciona de manera bastante indirecta para atraer visitantes a los sitios web. Comience a enviar artículos a Digg.com permitiendo que otros los encuentren a través de los medios normales de la compañía. Espere. No ve mucho tráfico allí. Oh, bueno ... siga adelante.

Aquí es donde ocurre el error. El hecho es que tiene que salir y realmente dar a conocer su presencia. Aquí hay algunos consejos para hacer esto posible.

Use su perfil!

Esta es una de las herramientas clave que tiene para que las personas regresen a su sitio web. Asegúrese de utilizar palabras clave que asociaría con su negocio en su perfil, pero hágalo informal. No hay espacio para ventas aquí.

Socialice con otros

Encuentre otros en el sitio web que compartan algo en común con usted y cree una red con ellos. Por ejemplo, puede estar promocionando un producto para bebés y es madre. Cuando se una al sitio web, primero promuévase como madre, conectándose con otras madres en el sitio web.

Construya una red utilizando las redes de sus amigos

Supongamos que usa sus contactos de correo electrónico y los ubica en sus sitios sociales favoritos. Eso es genial. No se detenga allí. Hágase amigo no solo de estas personas sino también de sus amigos. Siga adelante, construyendo una red para usted todo el tiempo.

Hay muchas formas de construir una red utilizando un medio social. La clave es seguir trabajando en ello y disfrutar el proceso. Con el tiempo, las personas visitarán su sitio web para averiguar lo que usted tiene para ofrecer. Esto los interesa y le compran. El proceso funciona así muchas veces y al final del día, ha atraído a la gente hacia usted sin hablar demasiado sobre su negocio.

PARTE 2: OBTENER PERMISO PARA COMUNICARSE

Permiso significa dar consentimiento formal a otra persona. Al usar el correo electrónico para comercializar su negocio, desea obtener el permiso de sus prospectos y clientes.

El siguiente paso en el proceso de utilizar el marketing de atracción para su ventaja, es lograr que las personas le permitan hablar con ellos. Con el advenimiento de las leyes sobre spam y otros medios de comunicación inapropiados, se ha vuelto muy importante para cualquier vendedor de Internet, asegurarse de estar en el lado bueno de la ley.

Como comercializador de Internet, debe tener el permiso de un consumidor, cliente o visitante del sitio web para enviarles cualquier forma de comunicación que no sea comunicación directa, como a través de un comentario de blog.

¿Por qué debería hacer esto? Como parte del proceso de desarrollo de un exitoso negocio de marketing en Internet, debe presentar su producto o servicio frente al cliente. Como verá en la Parte 3, esta es la clave de su éxito en la venta.

Hay muchas maneras de hacer esto. La conclusión es que se debe hacer. Usted desea que aquellos que lo encuentran en la web, visiten su sitio y adicionalmente, una página de captura de clientes potenciales, por ejemplo. De esta manera, puede obtener su permiso para enviarles más información.

Hay muchas herramientas de captura disponibles para ayudarlo a lograr esto, como The Renegade y Marketing Merge, por ejemplo. También puede crear el suyo, algo que sea fácil de hacer por su cuenta, incluso si no es un experto en tecnología.

Lo que pasa es simple:
- Las personas encuentran su información en la web.
- Lo siguen a la página de captura de su sitio web.
- Se registran cuando llegan allí.

Tiene una ventaja para vender, comercializar o utilizar de otra manera.

Ahora, puede anunciarles.

PARTE 3: PROPORCIONE CORREOS ELECTRÓNICOS INFORMATIVOS AL CLIENTE

A hora que ha pasado por todo este trabajo, todavía no tiene ganancias en la mano. Por qué no?

Es acá donde entra en juego la parte final del proceso de tres partes del uso del marketing de atracción. Ahora, tomará la información y los recursos que tanto ha trabajado para desarrollar y los convertirá en algo que le generará ganancias.

Tenga en cuenta que si bien este proceso puede parecer largo y requiere mucho trabajo, va a automatizar gran parte de las operaciones en línea, y, en segundo lugar, hará las tres cosas al mismo tiempo. De esta manera, es probable que comience a ganar dinero con el marketing de atracción desde el comienzo del proceso.

Informativo, no spam

Una de las claves para construir un plan de marketing de atracción exitoso es no obsesionarse o presionarse demasiado con las ventas. Todo, y cualquier cosa que haga, debe hacerse en base a una sutil y tacita información de ventas. Está proporcionando información al cliente. No es difícil vender lo que tiene para ofrecerles. Por eso se llama marketing de atracción. El consumidor se siente atraído por usted porque le está dando información valiosa y herramientas para usar.

No falle en ese punto: la información es clave, no los anuncios de ventas.

Desarrolle un plan

Como parte del proceso de uso de los permisos otorgados por quienes visitaron su sitio web, necesitará un plan. El plan es y debe ser bastante específico. Debe enviar correos electrónicos a aquellos que están en su lista, para que de esa forma, les permita obtener y aprender algo. Debe tener un plan para que pueda ser profesional, y al mismo tiempo, atraer a las personas a su sitio web.

En esta forma de marketing de atracción, está atrayendo gente a su sitio web diciéndoles primero algo importante. Piensan: "Oye, esto es genial. Esto es justo lo que necesito". Luego se dirigen a su sitio web desde el enlace publicado en el correo electrónico. Luego pueden hacer una compra para usted o hacer lo que usted desea que hagan.

Para asegurarse de que esto suceda, debe asegurarse de que sus correos electrónicos sean bien recibidos y de que tengan la mejor información que puedan ofrecer al lector. De esta manera, es más probable que visiten su sitio web.

Construyendo correos electrónicos

El primer paso en el proceso, es desarrollar un boletín u otra comunicación por correo electrónico con ellos, sus visitantes. No importa cómo llame usted a este apoyo digital. Más bien, importa lo que hay en él. Estos son algunos ejemplos de contenido de calidad para proporcionar a sus lectores.

Proporcionar artículos informativos

Sus clientes quieren leer algo útil para ellos. Quieren leer algo que les enseñe algo. Por ejemplo, supongamos que está vendiendo un producto informativo sobre el acné. En su mensaje de correo electrónico a sus lectores, usted escribe sobre las causas del acné. Esto les proporciona algún tipo de información.

27

Haga que su línea de asunto sea efectiva

Un problema común que muchas personas tienen al usar cualquier forma de marketing por correo electrónico, es que simplemente no consiguen que sus lectores abran dicho email. ¿Cómo puede hacerlo de esa manera, si el lector ni siquiera lee lo que tiene para ofrecer? Use su línea de asunto como herramienta. En el ejemplo anterior, el asunto podría ser "lo que causa el acné y lo que puede hacer usted ahora a tal respecto ".

Haga personal el correo electrónico a su cliente

Si alguna vez abrió un correo electrónico y lo leyó sabiendo que solo estaban vendiendo algo, es muy probable que la información fuera una respuesta simple, inventada. Eso es aburrido y realmente inútil. Use los nombres de los lectores. Asegúrese de escribirles, no los ignore. Sea personal, pero profesional al mismo tiempo.

No se exceda con los gráficos

Otro problema con el marketing por correo electrónico, es que las personas se exceden con los gráficos. Tiene segundos para impresionar a sus lectores y hacer que realmente lean el correo electrónico que usted les ha enviado. Si tiene tantos gráficos y por este motivo se ralentiza la carga de la pagina, muy probablemente cerrarán el correo electrónico y continuarán en otra cosa, sin antes ver realmente lo que ustes les quería relatar o comentar.

Dígales qué hacer

· Quizás el aspecto más importante de cualquier correo electrónico, es que tiene que proporcionar a sus lectores una forma de reaccionar a lo que usted ha enviado. Dígales qué hacer o qué pueden hacer para obtener más información. Deles el enlace a seguir que los lleve a las respuestas de sus preguntas. Por ejemplo, después de detallar todas las causas del acné, siga con un enlace que lleve a la persona a su sitio web de cura del acné. El enlace puede leer, "Finalmente, hay ayuda para cualquiera de estas causas de acné".

El marketing de atracción es tan exitoso como usted lo sea. Por lo tanto, si invierte muy poco de tiempo en ello, especialmente al escribir estos correos electrónicos, es muy probable que obtenga muy poco. Tómese su tiempo para producir un correo electrónico de calidad y altamente efectivo que se envíe a sus lectores.

Qué enviar en correos electrónicos

¿Todavía no está seguro de lo que puede hacer con sus correos electrónicos? Aquí hay algunas ideas más para trabajar:

- Comparta información sobre el tema que le apasiona, con suerte relacionado con su sitio web.
- Comparta un buen libro, producto informativo u otro elemento que de alguna manera se relacione indirectamente con su negocio.
- Compartir información de eventos en vivo. Tal vez esté haciendo un seminario educativo o un webcast y quiera invitar a sus lectores a que visiten su sitio web para asistir.
- Quizás esté realizando una venta y desee proporcionar a sus lectores información al respecto.
- Quizás esté proporcionando algunos entrenamientos grabados y quiera compartir los detalles con su lista.

Eso es todo lo que se necesita para enviar el correo electrónico. Una campaña efectiva hace que la gente regrese a su sitio web. De hecho, el marketing de atracción puede funcionar de muchas maneras para obtener recursos, incluido un mayor potencial de ventas. Tómese el tiempo para implementar su propia estrategia del marketing de atracción y verá que el tráfico a su sitio web proviene de una variedad de fuentes. Es probable que sus ventas aumenten siempre que haya proporcionado a sus lectores las herramientas y los recursos útiles que necesitan para tomar decisiones acertadas.

Si no está seguro de que estas ideas y recomendaciones puntuales puede funcionar para usted, considere los mecanismos de ventas tradicionales. Podría pagar un sitio web con mucho tráfico por un anuncio en el rango de miles de dólares y esperar obtener suficientes lectores de regreso a su sitio web. O bien, puede invertir su tiempo, no su dinero, para obtener tráfico de calidad, de usuarios o visitantes que ya estén interesado en usted.